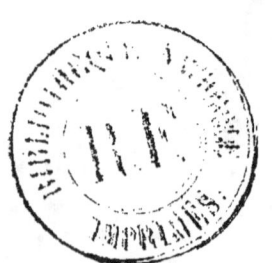
LES
TOILES BRODÉES

Anciennes Mantes ou Courtes-Pointes

CONSERVÉES A L'HOTEL-DIEU DE REIMS

Rapport lu à l'Académie de Reims
dans la Séance du 30 Juin 1882

PAR CH. GIVELET, MEMBRE TITULAIRE

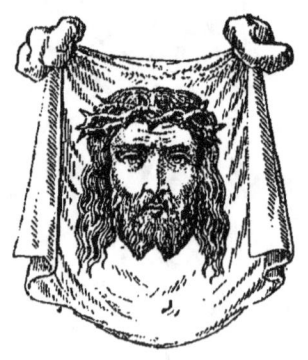

REIMS
IMPRIMERIE COOPÉRATIVE, RUE PLUCHE, 24
(N. MONCE, dél.)

1883

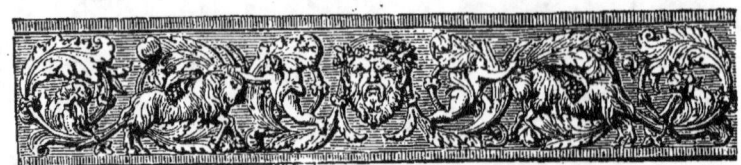

LES
TOILES BRODÉES

Anciennes Mantes ou Courtes-Pointes

CONSERVÉES A L'HOTEL-DIEU DE REIMS

Rapport lu à l'Académie de Reims dans la Séance du 30 Juin 1882

MESSIEURS,

Il y a quelques mois, faisant une tournée archéo-logique, en vue de recueillir des inscriptions, Mes-sieurs H. Jadart, L. Demaison et moi étions à l'Hôtel-Dieu, quand par hasard, traversant un grenier, notre vue se porta sur une toile blanche sillonnée de fils bleus. C'était une courte-pointe que la religieuse qui avait bien voulu nous guider dans notre excursion nous autorisa à examiner de près, en l'enlevant de dessus les couvertures de laine qu'elle protégeait.

Cette courte-pointe ou mante (1), toile brodée en fil bleu, réjouit nos cœurs d'archéologues, car, à peine l'avions-nous examinée, que nous avions reconnu qu'un travail du XIIIᵉ siècle était sous nos yeux.

(1) En consultant le Dictionnaire de Littré aux mots *Courte-pointe* et *Mante*, on verra que ces expressions sont synonymes et signifient une couver-ture de lit pour la parade. — La *mante* a pour étymologie *mantum* ou plutôt *mantellum*, *mantilium*, serviette, nappe, de *manus* et de *tela*. — Le mot *courte-pointe* ou *contre-pointe* est le résultat d'une fausse prononciation

La sœur hospitalière, pressée de retourner auprès de ses malades, nous engagea à prendre le temps nécessaire pour étudier à notre aise cette intéressante découverte. Nous notâmes alors ses dimensions et les sujets qui y sont brodés. Nous reconnûmes sur une des deux bordures qui restent encore, qu'elle a trait aux travaux de l'année. On y voit le jardinage, le labourage, la fenaison, la moisson, la vendange, l'ensemencement, et enfin une boulangerie. L'autre bordure a rapport à la chasse. La courte-pointe, divisée en losanges par des diagonales, renferme dans chacun d'eux, soit des fleurs de lys, des poissons, des oiseaux, des animaux et des hommes grotesquement posés, suivant la coutume du temps.

Ne pouvant, au moment de notre départ de l'Hôtel-Dieu, remercier la religieuse qui nous avait accompagnés, retenue qu'elle était par les devoirs de sa profession, il fut décidé que je reviendrais le lendemain et que je solliciterais l'autorisation d'enlever, pour l'étudier à loisir, cette pièce qu'un hasard inespéré venait de nous faire connaître.

Le lendemain, en effet, étant revenu à l'Hôtel-Dieu, j'appris que la nouvelle de notre découverte s'était répandue dans la maison. Madame la Supérieure (1), avec la grâce et la bonté qui la distin-

---

de *coulte-pointe* ou *coute-pointe*, c'est-à-dire une coute piquée, du latin *culcita puncta*, lit dont la couverture est faite de tissus appliqués l'un sur l'autre et unis par des points rangés en losanges ou formant des dessins. C'est en ce sens que l'on disait dans le *Roman de la Rose*, les *couste pointes*, et encore ailleurs : Sor couches et sor dras de lis ont mis tapis et *kieutes pointes*. — Encore i faut-il *coultepointes*, sarges, oreillers biaus et cointes, pour lit couvrir. — Querir un bon lit garni de linceux, *mante et contrepointe*, MARG., *Nouv.* XXXVIII. — Le mot *courtepointe* s'entendait aussi d'une sorte de torture au XIVᵉ siècle : Elle ot esté mise en la gehyne en la *couste pointe* seulement.... DU CANGE, *Coustepointarius*.

(1) Madame Mauclère, en religion mère Sainte-Ursule, décédée en 1883.

guaient, me permit d'emporter la courte-pointe pour
la faire photographier et ensuite graver. De plus,
elle voulut bien mettre à la disposition de votre commission archéologique, cinq autres courtes-pointes
d'une grande valeur, mais d'une époque beaucoup
plus récente, puisqu'elles portent les dates de 1623 et
1626. « Nos courtes-pointes, suivant la tradition, m'a
dit Madame la Supérieure, ont été brodées par nos
mères, lorsque, après des guerres ou des épidémies,
les malades étant moins nombreux, les sœurs hos-
pitalières avaient quelques moments de loisir qu'elles
employaient à confectionner ces dessins. » Comme celle
du XIIIᵉ siècle dont nous avons parlé d'abord, ces
toiles sont brodées en fil bleu. La seconde, dont je
vais avoir l'honneur de vous entretenir, a pour motif
principal l'Annonciation. Elle nous paraît devoir
remonter à la fin du XVIᵉ siècle, et n'a aucune analogie, dans l'ordonnance des sujets, avec celle des
autres toiles, dont les traits accusent nettement le
XVIIᵉ siècle. Il ne peut au surplus y avoir aucun doute
pour les mantes suivantes, puisque deux d'entre elles
portent la date 1623, et la dernière 1626. La plus
belle, peut-être, représente l'Apparition de Notre-
Seigneur aux saintes femmes. Elle est de 1623. Puis
viennent, dans l'ordre chronologique, la Mort de la
Sainte-Vierge, sans date, mais également du règne
de Louis XIII, et l'Assomption, qui fut brodée en 1623.

Enfin, la sixième pièce, remontant à 1626, est entièrement formée de carrés remplis des monogrammes
IHS et MA, d'animaux, d'oiseaux et d'ornements
variés.

En résumé, nous pensons que cette découverte a
une certaine importance, moins par le nombre des
pièces que par leur exécution ; les mains qui ont

brodé et surtout tracé ces dessins sont certainement celles d'artistes véritables, et dont il est fâcheux de ne pas connaître les noms que leur modestie nous a dérobés.

Les mantes brodées et conservées jusqu'à nous doivent être fort rares ; le livret du Musée de Cluny n'en mentionne aucune. Il y est question d'un grand nombre de broderies en soie et en laine, mais nullement de courtes-pointes brodées au trait et ayant quelque rapport avec celles de l'Hôtel-Dieu de Reims. On peut cependant rapprocher d'elles la célèbre *Tapisserie de Bayeux*, quoique dans cette dernière les sujets soient entièrement remplis et variés de couleur.

Je ne vous ferai pas ici, Messieurs, l'histoire de la tapisserie, ni même celle de ses origines à Reims. Vous avez entendu, il y a quelques années, les remarquables lectures de notre secrétaire général sur ce sujet, qui furent placées depuis comme introduction en tête de la description des tapisseries de Notre-Dame.

Dans cette introduction, M. Loriquet nous apprend que cet art remonte aux temps antiques, au moins pour la Grèce et l'Italie ; qu'au IIIe siècle, il était très connu en Orient, et qu'au Ve, d'après le récit de Grégoire de Tours, il fleurissait dans nos contrées, ainsi qu'il le rapporte dans ses récits du Baptême de Clovis par saint Remi. Tout porte à croire qu'à cette époque on fabriquait des tapisseries à Reims ; mais notre savant confrère en a donné la preuve pour le XIIIe siècle et les suivants. Dès cette époque, les différentes branches de cet art étaient représentées dans notre ville.

Parmi les ouvrages de tapisserie que, suivant les statuts de 1616, les maîtres jurés tapissiers avaient le droit de visiter (1), nous remarquons les mantes et autres objets plus particulièrement du ressort des courte-pointiers. Si nous nommons les *mantes* ou *mentes*, dit notre confrère, c'est parce que la fabrication de cette couverture était particulière à Reims. Or, le mot qui est encore en usage dans les campagnes environnantes l'indique suffisamment : on entendait par là le manteau ou couverture de parade que l'on étendait sur le lit.

Les courtes-pointes que nous avons rencontrées dans le mobilier de l'Hôtel-Dieu ont malheureusement changé de destination. Au lieu d'être, comme jadis, des mantes ou manteaux de parade, elles sont devenues des manteaux nécessaires, puisque, malgré le petit nombre qui est parvenu jusqu'à nous, elles servent aujourd'hui de couvertures d'été. Leur froissement continuel contre les matelas et les fréquents lavages que nécessite leur emploi actuel, nous font craindre qu'on n'ait à déplorer leur perte d'ici à quelques années.

Notons encore une particularité des usages auxquels ces toiles furent consacrées. Dans les cérémonies dont l'Hôtel-Dieu était le témoin tous les ans, lors de la procession de la Fête-Dieu, elles décoraient les lits de la salle Sainte-Catherine, transformée aujourd'hui en salle de justice dans le nouveau Palais (2). Nous tenons ce détail de l'une des vénérables survivantes des religieuses Augustines, avant leur translation dans les bâtiments de l'ancienne abbaye de Saint-Remi, en 1829.

Ne serait-il pas à propos d'aviser la commission des

(1) Page xxxiii, édition in-12.

(2) L'emplacement de l'ancien Hôtel-Dieu est occupé par le Palais de Justice, la gendarmerie et les prisons.

Hospices de notre découverte, et de la prier de remplacer les courtes-pointes historiées par des couvertures de coton? On conserverait ainsi ces reliques des âges passés et d'un art oublié maintenant.

Si, comme les membres de la commission archéologique, vous jugez, Messieurs, que ces belles courtespointes, en raison de leur rareté surtout, méritent d'être exposées, rien ne s'y oppose; Madame la Supérieure m'ayant très gracieusement accordé la faveur que je sollicitais de sa bonté, en autorisant l'Académie à les faire tendre dans la grande salle du Palais Archiépiscopal le jour de la séance publique.

A la suite de ce rapport, l'Académie fit près de la commission des Hospices une démarche qui fut couronnée d'un plein succès. Son président, M. Neveux, voulut bien nous informer, en juin 1883, que l'Administration, comprenant toute la valeur des toiles brodées de l'Hôtel-Dieu, avait chargé l'économe de cet établissement d'acheter des couvertures de coton pour remplacer celles dont la conservation est si importante au point de vue de l'art.

Madame la Supérieure actuelle, Mère Sainte-Marie, et Mesdames les Religieuses de cette maison hospitalière se sont associées à cette mesure conservatrice avec une bonne grâce qui leur mérite la sincère gratitude et les suffrages de tous ceux qui ont à cœur l'histoire artistique de Reims.

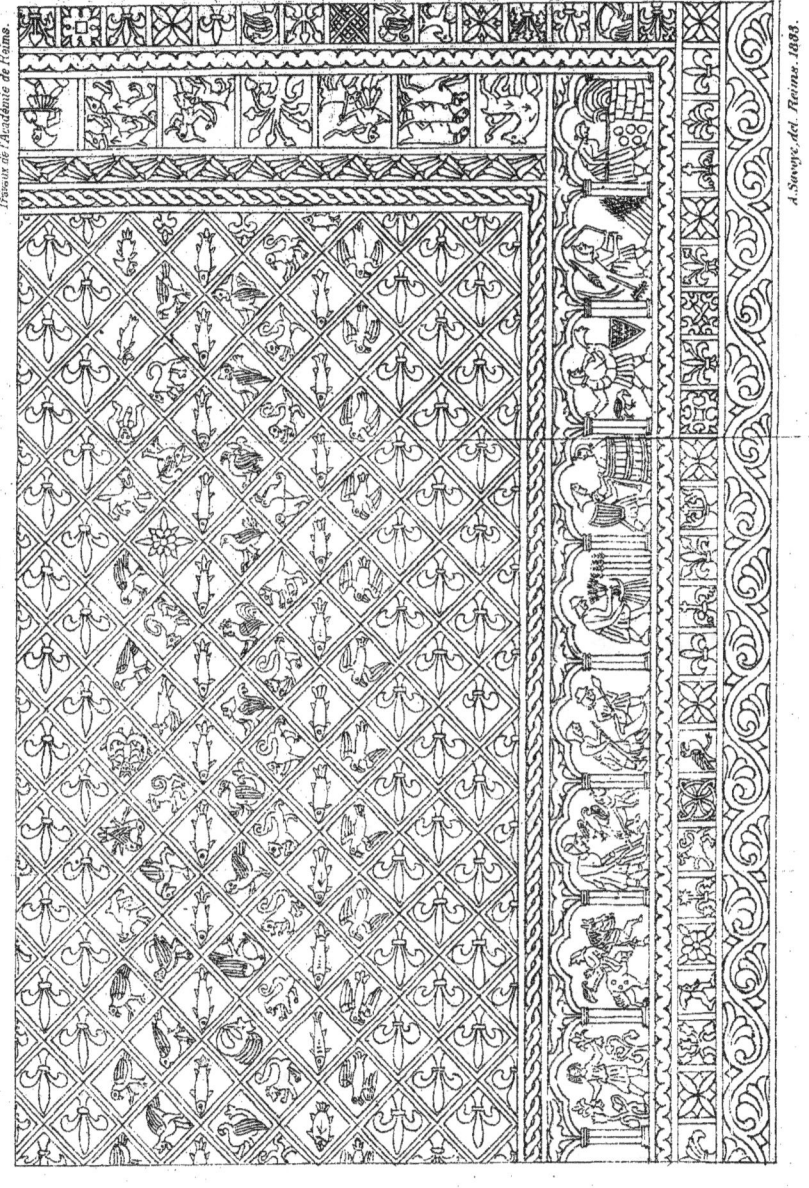

A. Sivoye. del. Reims. 1883.

TOILES BRODÉES DE L'HÔTEL-DIEU DE REIMS.

DESCRIPTION DÉTAILLÉE

DES

TOILES OU COURTES-POINTES BRODÉES

De l'Hôtel-Dieu de Reims

I.

Courte-pointe du XIII° siècle.

Cette pièce, si curieuse telle qu'elle est, serait plus intéressante encore si elle existait dans son entier. La bordure et une partie du fond manquent de deux côtés, sans qu'il soit possible de préciser quelle éten-due d'étoffe a été enlevée sur le haut et à gauche de ce qui en reste. Malgré tout, elle est assez com-plète pour offrir une série de sujets caractéristi-ques des mœurs et des costumes du Moyen-Age.

Dans cette première toile seulement, tous les fonds en dehors des sujets brodés sont piqués de petits points en fil blanc qui, en rapprochant les deux toiles superposées, donnent à la mante une solidité qui lui a permis, après six siècles de service, d'arriver jus-qu'à nous sans trop de détérioration. Elle mesure 1 mètre 75 de hauteur, sur 2 mètres 54 de largeur.

Ce qui sépare le fond de la bordure est une bande ornée de deux entrelacs, comme on en voit un grand nombre sur les mosaïques de l'antiquité. Cette bande est la même des deux côtés. Sur le plus grand, on voit au-dessous neuf arcades trilobées, toutes séparées par deux colonnes, et surmontées dans les écoinçons par un ornement très souvent représenté sur les manuscrits, sur les pièces d'orfèvrerie, et même sur les monuments en pierre de cette époque. Dans la première de ces arcades est un jardinier qui tient un bouquet de chaque main ; il est debout entre deux arbustes couverts de fleurs. — Dans la seconde, un chasseur à cheval, le faucon sur le poing. Il a abandonné les rênes de son cheval et regarde derrière lui. — Dans la troisième, un laboureur cultive avec une charrue ; près de lui un oiseau voltige. Il est là sans doute pour chercher les vers que le soc de la charrue va mettre à découvert. — Dans la quatrième, l'artiste a représenté la fenaison. Deux personnages y figurent, l'un tenant une faulx et l'autre une fourche. — Dans la cinquième arcade, nous voyons un moissonneur qui, à l'aide d'une faucille, coupe son blé. — Dans la sixième, deux personnages font la vendange ; l'un d'eux porte sa hotte sur son dos et l'autre foule le raisin dans une cuve. — Dans la septième, un cultivateur sème son grain ; près de lui un oiseau est en train de becqueter le grain semé ; une herse attend la fin des semailles pour être employée à son tour. — Dans la huitième, un homme bat son grain ; derrière lui on remarque une pelle, une fourche et un râteau. — Enfin dans la neuvième, un boulanger enfourne ses pains ; il y en a encore à mettre au four.

Sur le petit côté, au-dessous des entrelacs, sont des demi-palmettes placées les unes au-dessus des autres, de manière à remplir les vides que forment les angles. Dessous il ne reste plus que six carrés con-

tenant des scènes, plus une partie d'un septième. —
Dans le premier, on voit une biche, et derrière elle
un arbre, exactement semblable à ceux qu'on voit
dans les vitraux du xiii° siècle. — Le second carré
contient trois chiens courant à la poursuite de la
biche. Ils sont, suivant l'usage constant de cette époque, placés au-dessus l'un de l'autre. — Dans le troisième se trouvent le chasseur, armé d'un arc qu'il
porte sur son épaule, et son limier, qu'il tient en
laisse. — Le quatrième carré est rempli par un arbre
tel que le xiii° siècle les a représentés, un tronc d'où
s'échappent neuf branches, terminées chacune par
une feuille. — Dans le cinquième compartiment, un
chasseur sonnant de l'oliphant. Il est aussi accom-
pagné d'un limier tenu en laisse. — Deux chiens,
placés au-dessus l'un de l'autre, remplissent le
sixième carré. — Dans le septième et dernier, dont
il ne manque qu'un cinquième de sa largeur, on voit
un chasseur ayant un bâton à la main.

Sous ces bordures à personnages, il s'en trouve
une très étroite remplie en haut et en bas d'une tor-
sade formée de tiers de cercles. Au-dessous et des
deux côtés de la bordure existe une série de petits
carrés, au nombre de vingt-quatre, sous les figures
représentant les travaux des champs, et de quinze
sous l'autre partie. Ceux du petit côté ont un peu
moins de largeur que les autres. On y voit deux
monstres humains, une tête d'homme barbue, posée
sur des jambes, l'autre placée sur un corps et des
pattes d'oiseau. Des animaux, des oiseaux, des fleurs
de lys variées et des ornements de tout genre, usités
au xiii° siècle, remplissent les autres carrés, qu'il
serait trop fastidieux et trop long de décrire isolé-
ment. Plus bas, sur la face inférieure, on a brodé une

dernière ligne, formée dans toute sa longueur d'un rinceau orné de palmettes alternant à droite et à gauche. Cet ornement est très souvent employé dans les manuscrits et dans les bordures de vitraux de cette époque.

Le centre de ce tapis est formé de losanges, séparés les uns des autres par trois lignes. La partie la plus rapprochée de la bordure est toute fleurdelisée. On en compte onze et demie dans la longueur et trente-trois dans les losanges suivants, plus deux dont la partie inférieure a dû céder la place à la bordure. Il y a donc trois rangées de fleurs de lys complètes; ensuite une ligne entière d'oiseaux, aux ailes déployées, et peu variés entre eux; onze poissons remplissent la ligne suivante. En bas, dans le demi-losange, le poisson, qui n'aurait pas tenu en hauteur, est brodé en largeur. Une rangée de chiens assez variés, suit celle des poissons; le premier à droite a une tête d'oiseau. Dans le quatrième losange il y a deux chiens assis, n'ayant que le haut du corps; ils se tournent le dos, qu'une ligne droite réunit sous le poitrail, et ont chacun une tête d'oiseau. La rangée suivante est composée d'oiseaux fantastiques; dans le nombre on remarque des têtes humaines, des têtes de chats, etc., etc. Puis vient une ligne de onze poissons. Les deux suivantes sont remplies d'animaux, d'oiseaux et de deux figures humaines; presque tous sont des monstres à peu près indescriptibles. Un seul ornement se trouve dans le cinquième losange de la première de ces deux lignes. Enfin, et pour terminer, revient la bordure de fleurs de lys qui est incomplète.

Travaux de l'Académie de Reims.

A.Saucers, del. Reims. 1883.

TOILES BRODÉES DE L'HÔTEL-DIEU DE REIMS.

II

L'Annonciation.

Cette courte-pointe contient trois sujets principaux renfermés dans une bordure à personnages.

Au centre se trouve l'Annonciation. L'ange Gabriel, tenant une fleur, apparaît à Marie, représentée dans l'attitude de l'étonnement ; au-dessus de sa tête, le Saint-Esprit, dans un double cercle ; plus haut, le Père Eternel, tenant la boule du monde dans sa main gauche et bénissant de la droite, apparaît dans des nuages, où sont figurées un assez grand nombre de têtes d'anges.

A droite de cette scène, au premier plan, saint Nicolas, patron depuis un temps immémorial de la chapelle de l'Hôtel-Dieu, se montre revêtu de ses insignes pontificaux ; près de lui, à gauche, les trois enfants dans le saloir. Au-dessus d'eux, au second plan, une église, et dans le lointain, à droite, une partie de ville.

Sous ce tableau sont brodés quelques ornements, et parmi eux un homme non vêtu.

Au-dessus de l'Annonciation et de saint Nicolas, on remarque de grands rinceaux, des fruits, des fleurs et des feuillages.

A gauche de l'Annonciation est un évêque en chape, coiffé de la mître, et tenant sa crosse garnie d'un linge suivant l'ancien usage.

Il est assis dans un fauteuil, devant une grande table munie de ce qu'il faut pour écrire ; sur la muraille, un rayon garni de livres; dans le fond, une fenêtre cintrée. L'appartement est dallé en carrés de pierre; le haut est rempli par des nuages et des rayons d'où sort le Saint-Esprit. Aucun attribut spécial n'a pu nous faire reconnaître cet évêque. Peutêtre serait-ce saint Augustin, patron de l'Ordre des chanoinesses qui, depuis tant de siècles, desservent cet établissement.

Des entrelacs et d'autres ornements remplissent le haut de la toile jusqu'à la bordure.

Il est temps maintenant de parler des bordures à figures qui encadrent les trois sujets dont nous venons de parler. A gauche, en haut, tête et buste de femme, vue de face; cette tête est couronnée, et ses cheveux flottent au vent. Au-dessous, quelques rinceaux, tels qu'on en voit dans les miniatures du xvi⁰ siècle. Puis une sainte Vierge debout sur le croissant, entourée des attributs symboliques de ses litanies. En bas, un ange sur des nuages, se dirigeant vers plusieurs serpents. Un jet d'eau sort de la gueule de l'un d'eux. Une tête humaine et nimbée est au-dessus des serpents.

De l'autre côté, à droite en haut, dans un carré oblong, on voit brodées trois têtes grimaçantes; deux d'entre elles ont des cornes. Au-dessous, des rinceaux de la même époque que ceux qui sont en vis-à-vis. Plus bas, un buste de saint vêtu d'un surplis; il est placé sur un cartouche où sont brodées les lettres suivantes : BIGLAIO; ces caractères n'ont pas de signification. Peut-être faut-il lire B. IGNATIO. Ce serait alors saint Ignace, le type du visage et le costume s'accordant bien avec l'inscription.

Pour achever l'examen de cette bordure, il nous reste à voir un saint, nimbé et agenouillé sur des nuages. En haut, dans le coin de gauche, on remarque un petit édifice.

Dans la bordure du bas, on voit d'abord un médaillon circulaire, orné de godrons, dont le centre est occupé par un animal fantastique. Auprès, sainte Véronique, tenant devant elle le linge où s'est imprimé le visage de Notre-Seigneur, image que l'on retrouve partout, dans le mobilier et sur la pierre, comme étant l'insigne propre de l'Hôtel-Dieu de Reims (1).

Puis, une scène de chasse. On y voit trois chasseurs, un cheval, des chiens, des arbres et une petite maison. C'est le départ de la chasse. Au centre de la bordure on remarque un calice couvert de la patène et soutenu par deux anges. Au-dessus est un pavillon dont les rideaux sont relevés par deux anges de plus grande taille que celle de ceux qui tiennent le calice.

La scène suivante est encore consacrée à la chasse. Un cerf est poursuivi par un chasseur et des chiens. Trois autres chasseurs et un chien viennent à sa rencontre. L'un d'eux va le percer avec une lance. On remarque aussi des arbres dans ce tableau. Dans celui qui suit, on distingue un ange et un arbre, ainsi que d'autres figures qu'il est difficile de reconnaître. On voit enfin, pour terminer cette bordure, un disque du même style que ceux qui décorent les autres angles.

Pour examiner la quatrième et dernière bordure, il faut se placer du côté opposé à celui où on se

(1) Cette figure se voit encore au-dessus de la porte de l'ancien Hôtel-Dieu, dans la rue du Trésor. Elle se trouve au Musée sur une pierre sculptée de grande dimension.

trouve en regardant l'ensemble des broderies. D'abord, à l'angle de la bordure de droite, et la dépassant de la moitié, se trouve un disque semblable à ceux qui sont en bas, mais dont le centre ici est occupé par les lettres I M., *Iesus Maria*. A la suite, on voit un ange placé au-dessus de petites maisons et se dirigeant vers une femme assise sur le sol. Elle tient entre ses bras un enfant qu'elle allaite.

Le motif suivant a trait à la chasse. On y voit un chasseur et des chiens poursuivant un cerf, tandis qu'un autre se précipite à leur rencontre. Quelques arbres simulent la forêt. Au centre de la bordure, deux lièvres ou deux lapins, assis sur des pierres, posent chacun une patte sur une coupe garnie de son couvercle.

Après le motif central, des animaux, tels que chien, loup, renard, cerf, licorne, sont assis ou couchés, et se reposent sous un ciel étoilé. A leur suite, dans un autre compartiment, un arbre et un homme nu, monté sur un cheval, qui semble s'éloigner des animaux. La fin de cette bordure est indiquée par un cercle semblable à ceux décrits, et portant au centre les lettres S M, qui sont assez mal brodées. La toile se complète par des chevrons brodés en fil blanc.

Cette courte-pointe, composée de sujets religieux et profanes n'ayant point d'analogie entre eux, nous paraît faite d'après le caprice de l'artiste qui en a conçu le plan. Elle est, au surplus, d'un grand effet, et offre une variété toujours agréable aux archéologues et aux artistes qui voudraient s'inspirer de modèles originaux.

Cette toile a une longueur totale de 2 mètres 12, sur une largeur de 1 mètre 85.

TOILES BRODÉES DE L'HÔTEL-DIEU DE REIMS.

III.

Apparition du Christ ressuscité aux saintes Femmes.

Un seul sujet remplit la courte-pointe dont je vais entreprendre la description. Celle-ci, d'une époque un peu moins ancienne que la précédente, a été brodée en 1623.

Elle mesure 2 mètres 10 sur 2 mètres 18. La partie inférieure, la seule couverte de broderies, a 1 mètre 10. Le haut de cette pièce se compose de losanges superposés, piqués en blanc, qui s'étendent dans toute la toile. Des chevrons accompagnent, sur une largeur de 16 centimètres, chaque côté du magnifique sujet, dont l'unité rend la description très facile.

Il représente la première apparition de Jésus à la Madeleine. Les trois saintes femmes, Marie-Madeleine, Marie Jacobé (mère de Jacques) et Marie Salomé, ont déjà quitté le sépulcre, qui se voit à gauche au second plan. Les deux anges qui leur avaient apparu sous la forme humaine sont encore assis sur le tombeau (1). Il n'est pas taillé dans le roc, c'est un

(1) Et factum est dum mente consternatæ essent, ecce duo viri steterunt secus illas in veste fulgenti. *Saint Luc, chap. XXIV, verset 4, et dans Saint Jean* : Et vidit duos Angelos in albis, sedentes unum ad caput et unum ad pedes, ubi positum fuerat corpus Jesu. *Chap. XX, verset 12.*

monument carré, de forme oblongue, et porte, brodée sur le côté, la date 1623. L'un des deux anges seulement a la tête entourée de rayons.

Non loin de là, à gauche et au premier plan, apparaît Notre-Seigneur, les bras étendus et laissant voir la trace des clous qui ont percé ses mains; près de lui, sainte Marie-Madeleine, qui tombe à genoux prête à lui baiser les pieds. A ce moment, Notre-Seigneur arrête cet élan d'amour en lui défendant de le toucher, *Noli me tangere*. Entre eux, et près des pieds de Jésus-Christ, est déposé le vase à parfums qu'avait apporté Marie-Madeleine; derrière elle, les deux autres Marie sont debout, tenant l'une et l'autre un vase peu différent du premier. Cependant celui que porte la sainte femme en partie cachée par Marie-Madeleine est plus simple; il est uni et privé des godrons qui décorent les autres vases. Le troisième n'est pas couvert, sa forme est plus allongée.

Cette scène, si souvent traitée par les artistes, se passe dans un jardin dont on voit le parterre entre Notre-Seigneur et la Madeleine. Une autre partie plus étendue existe entre Marie Jacobé et Marie Salomé. Une balustrade à jour la sépare du second plan. La personne qui est la dernière à droite a la tête couverte d'un voile, tandis que ses compagnes sont coiffées en cheveux.

Dans le lointain on distingue une ville, qui ne peut être que Jérusalem; on y remarque une tour, trois églises, dont le pignon de l'une d'elles est surmonté d'une croix, et quelques maisons. L'ensemble porte, suivant l'usage du temps, le cachet des constructions du xviie siècle. Les branches d'un arbre, caché derrière Notre-Seigneur, et quelques nuages complètent ce tableau et le rattachent à la partie supérieure ornée de chevrons piqués en blanc, comme il a été dit plus haut.

Les quatre figures de Notre-Seigneur et des trois Marie sont admirablement déssinées. Les draperies de leurs vêtements sont jetées avec un art qui dénote le grand savoir de l'artiste auquel on doit cette gracieuse composition.

A. Savoye, del. Reims. 1883.

TOILES BRODÉES DE L'HÔTEL-DIEU DE REIMS.

IV.

Mort de la Sainte Vierge.

Cette courte-pointe mesure 1 mètre 90 en hauteur, sur 2 mètres 18 de largeur. Dans un carré de 1 mètre 43 cent. sur chaque face se voit, au centre et vers le bas, un médaillon circulaire, qui est le principal motif de cette pièce. C'est la mort de la Sainte Vierge que l'artiste y a tracée. La Mère de Dieu touche au terme de sa vie, ses traits sont calmes, car, d'après la tradition, elle passa sans douleur de vie à trépas. Elle n'a pas non plus l'apparence de la vieillesse, quoiqu'on suppose généralement qu'elle avait au moins soixante ans.

Suivant l'usage de l'époque à laquelle remonte cette broderie qui, malgré le manque de date, accuse parfaitement le xviie siècle, Marie est revêtue de sa robe et porte un voile sur sa tête qui est nimbée. Quatre apôtres, également nimbés, sont derrière le lit. On croit y reconnaître, près de Marie, saint Pierre, dont la chevelure et la barbe sont fort épaisses ; il porte une chape agrafée sur sa poitrine ; à sa droite on remarque une torche allumée. Près de saint Pierre, saint Jean, qui paraît très jeune, et dont le visage est imberbe, vêtu d'un surplis et d'un camail, parle à la Sainte Vierge ; sa main droite fait un geste semblable à celui d'une personne qui va bénir ; sa gauche est près de celle de Marie, qui étend sa droite vers lui.

On ne voit, pour ainsi dire, que la tête de l'apôtre placé près de lui. De-même que dans la tapisserie de Notre-Dame, représentant le sujet qui nous occupe, il tient une croix processionnelle, dont ses vêtements cachent la hampe. C'est ainsi qu'on représente saint Philippe. Mais ne serait-ce pas plutôt saint André, auquel l'artiste, malgré le nouvel usage de lui donner une croix en forme de sautoir, la lui aurait laissée telle qu'il la portait avant le xv° siècle? Saint André, en effet, fut un des apôtres privilégiés : c'est lui qui amena vers Notre-Seigneur Simon son frère, que Jésus nomma Pierre; l'Evangile nous le montre ayant souvent des entretiens avec Notre-Seigneur et le prince des apôtres.

Quoiqu'il n'assiste pas à la Transfiguration, il est presque toujours choisi par Notre-Seigneur pour être un des témoins de ses prodiges ; il figure le troisième au canon de la messe, et saint Philippe n'y est mentionné que le huitième. Tous ces motifs donnent à penser que l'artiste, gêné pour placer la croix en sautoir dans un dessin fait simplement au trait, a cependant voulu que saint André fût représenté au moment de la mort de la Sainte Vierge.

Le quatrième et dernier apôtre de notre courte-pointe n'a rien qui le puisse faire reconnaître. Nous supposons que c'est saint Jacques le Majeur, puisque c'est lui qui suit saint André dans la hiérarchie apostolique. On ne voit qu'une partie du dossier du lit et des rideaux. Ils disparaissent derrière les ornements qui accompagnent le médaillon.

Au dessus de celui-ci est une couronne royale fleurdelisée, fermée et surmontée de la même fleur royale. Plus haut encore, et contre la bordure, existe une tête de femme, comme on en voit tant à cette époque, ornant la clef des portes ou des fenêtres des belles habitations bâties sous Louis XIII.

En bas, dans les angles, deux anges tenant chacun une torche allumée, sont plus grands que les figures représentées dans le médaillon. En dehors de ce qui précède, l'intérieur du carré est rempli d'ornements variés portant des branches garnies de feuillages, de fleurs et de fruits. La symétrie n'est pas tout à fait la même de chaque côté. La pose un peu différente des anges a nécessité un changement dans le bas du dessin. Dans le haut, tout en s'harmonisant parfaitement, la répétition des sujets principaux n'est pas non plus identiquement la même.

Avant de passer à l'examen d'une autre courte-pointe, il ne reste plus que quelques mots à dire de l'encadrement.

La bordure qui entoure les côtés et la partie supérieure a 17 centimètres. En bas, et posés sur la ligne inférieure, deux vases assez bien décorés surmontés d'une couronne de fantaisie et garnis chacun de deux anses. Puis, sans les toucher, un dessin uniforme pour les trois côtés, composé d'une série de rinceaux juxtaposés entre lesquels se trouve une espèce de palmette, inscrite elle-même entre des rinceaux différents de ceux qui les séparent. Cette bordure est entre deux filets sur les côtés, tandis qu'en haut il n'y en a pas dans la partie extérieure.

La bordure du bas ne ressemble en rien à celle ci-dessus décrite. Au centre, dans un ovale plus large que haut, sont les monogrammes IHS et AM, entrelacés ; une croix le surmonte, et trois clous sont placés au-dessous. Des rinceaux décorent le cartouche qui contient ces monogrammes. Une petite tête émerge de l'extrémité inférieure. A droite et à gauche on remarque un vase semblable à celui qui est sous les bordures des côtés, puis la répétition du cartouche que nous avons vu au centre, mais dans lesquels il n'y a que le monogramme du Christ.

Enfin, aux quatre angles de cette broderie se trouvent quatre rosaces à seize lobes, portant les monogrammes IHS et MA.

La partie comprise sur les côtés entre les rosaces est simplement piquée en blanc par une triple ligne de points formant des chevrons dans toute l'étendue de la courte-pointe.

A.Savigny del. Reims. 1883.

1673

TOILES BRODÉES DE L'HÔTEL-DIEU DE REIMS.

V.

Assomption de la Sainte Vierge.

Dans cette courte-pointe la Sainte Vierge occupe le centre. La Mère de Dieu est debout. Un nimbe entoure sa tête, il est surmonté de deux rangées de rayons placées en forme de croissants ; à leurs extrémités sont deux petites têtes d'anges ; près de la figure de Marie, on trouve encore deux têtes de chérubins ; sur le même plan, deux grands anges, vêtus de longues robes, laissent voir leurs bras qui soutiennent la Sainte Vierge. Plus bas, deux autres anges, à genoux sur les nues, ayant les ailes étendues, remplissent le même office. Contrairement aux règles iconographiques du Moyen-Age, les pieds de Marie sont nus et ils reposent sur trois têtes de chérubins. Des nuages forment le fond de cette scène aérienne, dont les quatre angles sont également ornés de têtes de chrérubins, regardant tous le triomphe de leur Reine. A gauche, vers le haut, se trouve une tête de chérubin qui n'est pas répétée à droite. Plus bas, du même côté, on lit la date de 1623. L'ensemble de cette broderie se compose donc de la figure de Notre-Dame, de celle de quatre grands anges en pieds, et de douze têtes de chérubins de différentes dimensions. Le dessin de la composition est large et bien compris, les têtes sont bien dessinées et ne manquent pas d'expression. Cette belle courte-pointe peut lutter sans trop de désavantage avec celle de l'Apparition de Notre-Seigneur aux saintes Femmes.

Avec les bordures à dessins géométriques piquées en fil blanc qui garnissent le haut et les côtés de la scène, la toile mesure 2 mètres 18 en hauteur et 2 mètres 20 en largeur. La broderie en fil bleu occupe une superficie de 1 mètre 84 sur 1 mètre 25.

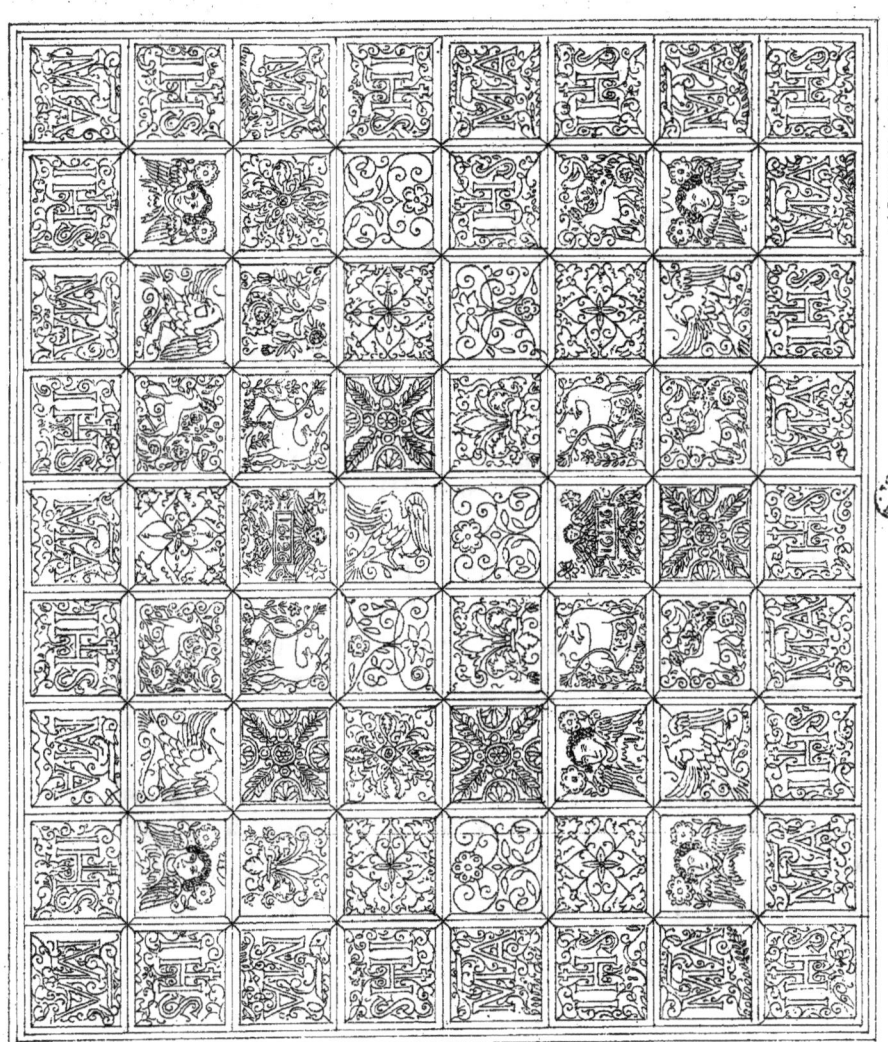

TOILES BRODÉES DE L'HÔTEL-DIEU DE REIMS.

VI.

Courte-pointe remplie de carrés, tous brodés.

Cette pièce, la dernière dont la description reste à faire, est composée de soixante-douze carrés, mesurant, à l'intérieur, 20 centimètres environ sur chaque face. Ils forment huit lignes en hauteur sur neuf en largeur. Les carrés extérieurs, au nombre de trente, sont tous brodés au chiffre IHS, alternant avec celui de MA, surmontés d'un trait abréviatif. On retrouve encore une fois le monogramme du Christ sur le bord de la cinquième rangée à droite, près d'un MA. Quoique cette série de monogrammes ne soit pas une bordure, on peut cependant la considérer comme un encadrement.

Cette toile a été brodée dans deux sens : ainsi, pour bien voir les dessins sous leur véritable aspect, il faut se mettre à droite du lit couvert de la mante pour examiner les quatre premières rangées, et à gauche pour les quatre autres.

Un certain nombre de dessins étant les mêmes et reproduits symétriquement, nous allons passer successivement en revue chacun de ces sujets, dont on rencontre douze variétés.

A chacun des angles, des têtes ailées et couvertes d'épaisses chevelures. — Puis se succèdent des aigles dirigés à droite avec la tête contournée ; leurs queues, semblables à celles des aigles héraldiques, se terminent par des enroulements qui remplissent le carré.

— Des cerfs tournés vers la gauche, avec fleurs et feuillages supportant un gentil oiseau. — Des quatre feuilles, tels qu'on les exécutait au xve siècle, garnis à l'intérieur d'une croisette du même style et à l'extérieur d'enroulements et de fleurs qui se relient au centre. — De longues palmettes sortant d'une petite rosace et aboutissant aux angles, les vides remplis par des demi-cercles. — De magnifiques fleurs de lys, ornées de feuillages et d'entrelacs. — Des rinceaux entremêlés offrant le plus gracieux assemblage. — Des branches de rosier, garnies de feuilles, de roses et de boutons. — Des licornes, dont la tête est tournée à gauche, et dont la queue, passée sous le ventre, remonte vers l'angle du carré. — Des roses, telles qu'on les emploie dans le blason, avec des traits concentriques et quelques feuilles. — Des fleurs de fantaisie sortant de tiges enroulées en arabesques. — L'ensemble de ces diverses figures a été brodé en 1626, comme l'indique la date deux fois répétée au centre des troisièmes lignes de chaque côté.

Plusieurs autres mantes ont encore survécu ; elles ont été confectionnées à la même époque, avec quelques légères variétés, qu'il nous a paru inutile de reproduire ici. Nous nous sommes contentés d'offrir les types les plus remarquables de cette rare collection, peut-être unique en France. C'est dire l'intérêt que nous y attachons à tant de titres, et l'honneur qu'elle vaut à l'Hôtel-Dieu, dont les religieuses ont su sauvegarder de si précieuses toiles à travers tant de siècles.

ÉTUDE COMPARÉE

FAITE PAR M. L. DEMAISON

*Entre les Toiles de Reims et celles des Musées
de Suisse et d'Allemagne.*

———

Peu après l'heureuse trouvaille que nous venons
de décrire, notre ami et savant confrère, M. L. Demaison, a bien voulu faire des recherches sur l'origine de ces toiles brodées ; puis, dans un voyage en
Suisse, en Allemagne et en Autriche, il nota tout ce
qu'il vit pouvant avoir un rapport même assez éloigné
avec nos courtes-pointes, et voulut bien me commu-
niquer le fruit de ses recherches. Aussi, pour terminer cette notice, nous ne pouvons mieux faire que
de publier *in extenso* l'intéressant travail de M. L.
Demaison, à qui je m'empresse d'offrir mes remer-
ciements et l'assurance de ma bien affectueuse re-
connaissance. **Ch. G.**

« Depuis la découverte des toiles brodées si intéres-
santes de l'Hôtel-Dieu de Reims, j'ai cherché à connaître leur origine et le lieu de leur fabrication. J'ai
consulté les ouvrages les plus autorisés et les plus
complets pour avoir des renseignements sur ce genre
de travail, et j'ai voulu savoir si nous avions affaire à

des spécimens uniques, ou s'il en existe d'analogues dans les collections publiques ou privées. Ces recherches, je dois le dire, ont eu d'abord peu de succès. Les archives de l'Hôtel-Dieu ne m'ont fourni aucun document sur cette matière; je n'y ai pas trouvé la moindre pièce qui fît mention des toiles brodées et pût m'éclairer sur leur provenance. D'autre part, ni le Dictionnaire du mobilier de Viollet-Leduc, ni les autres ouvrages spéciaux que j'ai eus à ma disposition, ne m'ont instruit sur l'art de la broderie sur toile au Moyen-Age, tel qu'il avait été pratiqué dans les échantillons que j'avais sous les yeux. J'ai visité aussi avec soin le Musée de Cluny sans y voir aucun tissu qui pût leur être comparé. Il semble donc que les toiles de ce genre sont fort rares en France, et qu'elles ont été jusqu'ici à peu près inconnues de nos archéologues.

En Allemagne, au contraire, mes investigations ont eu des résultats plus favorables. Dans un voyage que j'ai fait récemment en Suisse, en Autriche, en Bavière et en Wurtemberg, j'ai vu de nombreuses toiles brodées dont plusieurs ont avec les nôtres une ressemblance frappante.

Le Musée archéologique de Bâle en possède quelques-unes; la plus ancienne date du XIIIe ou du XIVe siècle. Le dessin en est tracé en fil bleu sur fond blanc comme dans les toiles de Reims. Elle n'a que 75 centimètres environ de longueur, sur 30 centimètres de large; on y remarque trois médaillons ornés d'animaux fantastiques : le premier renferme un griffon, le second un autre animal fabuleux, et le troisième une sirène.

Les autres toiles, au nombre de cinq ou six, sont du XVIe siècle. Le travail en est un peu différent et

le dessin exécuté en fils de diverses couleurs. L'une
d'elles porte la date de 1564, au centre est un grand
médaillon représentant le serpent d'airain ; autour
de ce médaillon règne une décoration de rinceaux
entremêlés d'armoiries, d'animaux et d'oiseaux de
toute sorte ; au-dessous on voit une chasse au cerf.
Les autres toiles sont d'une composition analogue et
représentent aussi dès scènes tirées de l'Ecriture
sainte. Elles ont servi de nappes, si l'on en croit les
mentions inscrites sur les étiquettes qui les accompagnent.

Avant de quitter Bâle, je puis, sans sortir de mon
sujet, dire quelques mots des stalles sculptées du
xve siècle, que l'on admire dans la cathédrale de cette
ville. On y voit en effet la représentation de plusieurs
scènes champêtres, qui m'ont paru offrir une iden-
tité presque complète avec certaines scènes figurées
sur la plus ancienne de nos toiles de Reims. Mon
attention a été attirée surtout par un moissonneur
coupant des épis avec une faucille, et par un laboureur conduisant une herse de forme triangulaire,
tandis qu'un oiseau, un corbeau sans doute, voltige
au-dessus de lui. Autant que j'ai pu en juger de
mémoire, notre toile offre des compositions tout à fait
semblables quant au sujet et à l'attitude des personnages. Les scènes de cette nature sont en quelque
sorte des lieux communs, dont on trouverait, je crois,
beaucoup d'exemples dans les manuscrits et dans les
monuments d'architecture.

J'ai vu aussi, au Musée de la société archéologique
de Zurich, deux toiles brodées du xvie siècle, ornées
des figures d'un lion et d'un aigle héraldiques. Le
dessin n'est pas, comme dans nos toiles, réduit à de
simples contours tracés par des fils bleus ; il est exé-

cuté tout entier en fils blancs serrés, qui se détachent sur un fond de même couleur.

Un marchand d'antiquités de Zurich avait également dans son magasin une toile de même époque et d'une exécution analogue. Ce genre de travail n'a, du reste, qu'un rapport assez éloigné avec celui des toiles de Reims.

A Munich, au contraire, j'ai remarqué, parmi les riches collections du Musée national, plusieurs toiles brodées comme les nôtres en fil bleu sur fond blanc. Elles sont attribuées à la fin du xive siècle et au commencement du xve, de 1380 à 1420; leur décoration consiste en oiseaux, animaux, monstres fantastiques, mêlés à des rinceaux. Sur l'une d'elles on voit une chasse au cerf; cette figure du cerf est très commune dans ces broderies, et nous allons en voir encore d'autres exemples.

Le Musée des antiquités nationales de Stuttgard n'a pas de toiles aussi anciennes que le Musée de Munich, mais il en possède quelques-unes du xvie siècle. J'ai relevé sur trois d'entre elles les dates de 1557, 1559, 1582. La première représente la Sainte Vierge debout, portant l'Enfant Jésus. Ses cheveux sont figurés par des fils blonds, et le reste du dessin est en fils bleus. Autour du sujet principal règne une décoration de rinceaux, au milieu desquels se détachent des personnages et des animaux de diverses sortes. La seconde toile offre la figure de David et Betsabé dans un médaillon entouré d'ornements semblables à ceux de la toile précédente (rinceaux, avec figures de cerf et d'animaux variés). Enfin la troisième toile, brodée en fils bleus et bruns, présente, au centre d'un médaillon, un personnage en costume du xvie siècle, supportant deux écussons. Autour de ce médaillon on distingue des oiseaux, un cerf, une biche, un renard, un lévrier, mêlés à des rinceaux.

Une autre toile, d'une date peut-être un peu plus ancienne que celles que nous venons d'énumérer, nous montre, au milieu de motifs décoratifs analogues, une figure de l'agneau symbolique entourée des attributs des quatre évangélistes.

Ici s'arrêtent les notes que nous avons pu recueillir à la hâte dans une visite trop rapide des Musées de l'Allemagne méridionale. Si incomplètes qu'elles soient, nous pensons qu'on peut en tirer pourtant quelques conclusions. Remarquons d'abord combien sont rares les toiles brodées du Moyen-Age. Notre Hôtel-Dieu n'en a qu'une du xiii° siècle, et parmi tous les Musées que j'ai parcourus, celui de Bâle seul possède une pièce dont la date ne paraît pas de beaucoup postérieure. Le xvi° siècle, au contraire, est largement représenté en Suisse et en Allemagne, tandis que nous n'avons à Reims aucune toile de cette époque. En revanche, nos toiles appartiennent presque en totalité au xvii° siècle, et nous n'en avons vu nulle part ailleurs qui puissent être attribuées à cette période.

Nous devons faire observer aussi avec quelle persistance se sont maintenus depuis le Moyen-Age, dans l'art de la broderie sur toile, les motifs décoratifs composés de rinceaux et d'animaux plus ou moins fantastiques. Mais c'est seulement au xvi° siècle, à notre connaissance du moins, qu'on voit apparaître des médaillons d'assez grande dimension contenant des scènes empruntées à l'Ecriture Sainte. Cet élément nouveau s'est encore développé au siècle suivant, à en juger par certaines de nos toiles de Reims, qui forment de vrais tableaux très larges et d'une exécution remarquable.

La broderie sur toile en fils de couleurs s'est con-servée aujourd'hui en Allemagne, et j'en ai vu de nombreux échantillons tout à fait modernes dans les magasins de Munich. Les procédés d'exécution m'ont paru à peu près les mêmes qu'autrefois, mais, au point de vue de l'art, les traditions anciennes ont entièrement disparu pour faire place à la mode et au goût du jour.

En présence de ces faits, de cette fréquence des toiles brodées en Allemagne et de leur rareté en France, on peut se demander si celles de notre Hôtel-Dieu ne sont pas l'œuvre d'artistes flamands ou allemands plutôt que de rémois. Je ne vois pas cependant jusqu'ici de motifs sérieux pour appuyer cette supposition, et en attendant de plus amples informations, on doit considérer ces toiles comme des spécimens d'un art national, d'autant plus précieux qu'ils sont plus rares. »

L. D.

Imprimerie coopérative de Reims, rue Pluche, 24 (N. Monce, dél)

TOILES BRODÉES DE L'HOTEL-DIEU DE REIMS

TABLE

www.ingramcontent.com/pod-product-compliance
Lightning Source LLC
Chambersburg PA
CBHW030114230526
45469CB00005B/1637